"LA PERPETUIDAD DE MADURO: ASCENSO Y CONSOLIDACIÓN DEL PODER EN VENEZUELA"

Moisés Rojas

PRÓLOGO

La historia reciente de Venezuela está marcada por eventos políticos y económicos que han captado la atención mundial. Desde el auge del movimiento bolivariano liderado por Hugo Chávez hasta la consolidación del poder de Nicolás Maduro, el país ha experimentado transformaciones profundas y controversiales. Este libro, "La Perpetuidad de Maduro: Ascenso y Consolidación del Poder en Venezuela", se propone ofrecer una mirada detallada y analítica de los factores que han permitido a Maduro mantenerse en el poder, a pesar de las múltiples crisis y desafíos.

En estas páginas, exploraremos el contexto histórico que precedió la llegada de Maduro al poder, incluyendo la era dorada de la democracia venezolana y los factores que llevaron al descontento popular. Analizaremos cómo Chávez logró capitalizar ese descontento para implementar la Revolución Bolivariana, y cómo Maduro, su sucesor designado, ha utilizado una combinación de tácticas políticas, económicas y represivas para consolidar su régimen.

La metodología de este libro se basa en una extensa revisión de literatura académica, informes de organizaciones internacionales, entrevistas con expertos y testimonios de actores clave en la política venezolana. Además, se ha hecho un esfuerzo por incluir múltiples perspectivas, tanto a favor como en contra del gobierno de Maduro, para ofrecer una visión balanceada y completa de la situación.

Esperamos que este libro no solo sirva como una fuente de

información para aquellos interesados en la política venezolana, sino también como una herramienta de reflexión sobre las lecciones que se pueden aprender del caso venezolano en el contexto más amplio de América Latina y el mundo. La historia de Venezuela bajo el régimen de Maduro es una narrativa compleja de poder, resistencia y resiliencia, y es crucial entenderla para anticipar los futuros desafíos y oportunidades para la democracia en la región.

PARTE I: ANTECEDENTES HISTÓRICOS

Capítulo 1: Venezuela antes de Chávez

1. **La Democracia Pacto de Punto Fijo (1958-1998)**
   - **Historia de la Democracia en Venezuela**: Desde la caída de la dictadura de Marcos Pérez Jiménez en 1958, Venezuela adoptó un sistema democrático basado en el Pacto de Punto Fijo, un acuerdo entre los principales partidos políticos para garantizar la estabilidad política y evitar golpes de Estado.
   - **El Pacto de Punto Fijo**: Detalle del acuerdo entre los partidos Acción Democrática (AD), COPEI y Unión Republicana Democrática (URD), y su impacto en la estabilidad política del país durante las primeras décadas de la democracia.
   - **Logros y Fracasos de los Gobiernos Democráticos**: Análisis de los avances en

educación, salud y desarrollo económico, así como los problemas de corrupción, clientelismo y desigualdad social que contribuyeron al desencanto con los partidos tradicionales.

2. **Crisis Económica y Social en los Años 80 y 90**

   - **Dependencia del Petróleo**: Explicación de cómo la economía venezolana se volvió excesivamente dependiente del petróleo, y cómo la caída de los precios en los años 80 llevó a una grave crisis económica.

   - **El Caracazo**: Un análisis detallado de los eventos del Caracazo en 1989, un estallido social provocado por el aumento de los precios del transporte público, que resultó en una violenta represión por parte del gobierno de Carlos Andrés Pérez.

   - **Desencanto con los Partidos Tradicionales**: Exploración de cómo la corrupción, la ineficacia y las promesas incumplidas de los gobiernos de AD y COPEI llevaron al surgimiento de nuevos movimientos políticos, incluyendo el Movimiento Bolivariano Revolucionario 200 (MBR-200) liderado por Hugo Chávez.

Capítulo 2: La Era de Hugo Chávez

1. **El Ascenso de Chávez**

   - **Biografía de Hugo Chávez**: Su infancia en Sabaneta, su formación en la Academia Militar y su carrera en el ejército.

   - **El Golpe de Estado de 1992**: Detalles del intento de golpe de Estado liderado por Chávez contra el gobierno de Carlos Andrés Pérez, su fracaso y las consecuencias políticas que siguieron.

- **La Campaña Electoral de 1998**: Cómo Chávez capitalizó el descontento popular con los partidos tradicionales, su discurso anti-establishment y su promesa de una "Revolución Bolivariana".

2. **La Revolución Bolivariana**

- **Principios y Objetivos**: Explicación de la ideología bolivariana, basada en el pensamiento de Simón Bolívar, y los objetivos de justicia social, inclusión y soberanía nacional.

- **Reformas Políticas, Económicas y Sociales**: Descripción de las reformas implementadas por Chávez, incluyendo la nacionalización de industrias clave, la redistribución de la riqueza y los programas sociales conocidos como "misiones".

- **Nueva Constitución de 1999**: Análisis del proceso de redacción de la nueva Constitución, su aprobación mediante referéndum y los cambios significativos que introdujo en la estructura del gobierno y los derechos ciudadanos.

3. **Política Internacional de Chávez**

- **El ALBA y Alianzas Regionales**: Creación de la Alianza Bolivariana para los Pueblos de Nuestra América (ALBA) y sus objetivos de integración y cooperación entre países latinoamericanos.

- **Relaciones con Estados Unidos**: La creciente confrontación con Estados Unidos, el discurso antiimperialista de Chávez y las consecuencias diplomáticas y económicas.

- **Influencia de Cuba**: Detalle de la estrecha relación entre Venezuela y Cuba, incluyendo el intercambio de petróleo por servicios médicos y de seguridad, y la influencia cubana en las políticas de seguridad y espionaje en Venezuela.

PARTE II: EL ASCENSO DE NICOLÁS MADURO

Capítulo 3: De Conductor de Autobús a Ministro

1. **Primeros Años y Carrera Política**
    - **Biografía de Nicolás Maduro**: Su infancia en Caracas, sus inicios como conductor de autobús y sindicalista, y su entrada en la política a través del Movimiento V República.
    - **Ascenso en la Política**: Cómo Maduro se convirtió en un cercano colaborador de Chávez, su papel en la fundación del PSUV y su elección como diputado y luego presidente de la Asamblea Nacional.

2. **El Rol en el Gobierno de Chávez**
    - **Ministro de Relaciones Exteriores**: Análisis de la gestión de Maduro como Canciller, su rol en la política exterior de Venezuela y su relación con aliados internacionales.
    - **Cercanía con Chávez**: Cómo la relación personal y política con Chávez fortaleció la posición de Maduro dentro del gobierno y el partido.

- **Participación en el PSUV**: Detalle de su influencia en el Partido Socialista Unido de Venezuela y su rol en la estrategia política del chavismo.

Capítulo 4: La Muerte de Chávez y la Sucesión

1. **Enfermedad y Muerte de Hugo Chávez**
   - **Cronología de la Enfermedad**: Descripción del diagnóstico de cáncer de Chávez, sus tratamientos en Cuba y la evolución de su enfermedad.
   - **Impacto Político**: La incertidumbre política y económica que generó la enfermedad de Chávez y cómo el gobierno manejó la situación para mantener la estabilidad.
   - **Muerte de Chávez**: La muerte de Chávez en marzo de 2013, las reacciones dentro de Venezuela y a nivel internacional, y el proceso de duelo nacional.

2. **La Elección de Maduro como Sucesor**
   - **Designación por Chávez**: El discurso de Chávez antes de partir a Cuba para su último tratamiento, en el que nombró a Maduro como su sucesor.
   - **Campaña Electoral de 2013**: La campaña electoral de Maduro contra Henrique Capriles, las estrategias utilizadas por ambos candidatos y las tensiones políticas durante el proceso.
   - **Victoria Electoral**: La victoria estrecha de Maduro, las acusaciones de fraude por parte de

la oposición y las primeras medidas tomadas
por Maduro como presidente.

PARTE III: CONSOLIDACIÓN DEL PODER

1. **Crisis Económica**
   - **Caída de los Precios del Petróleo**: Análisis de cómo la caída de los precios del petróleo en 2014 impactó la economía venezolana, dado que el país dependía en gran medida de las exportaciones de petróleo.
   - **Hiperinflación y Desabastecimiento**: Detalle del fenómeno de la hiperinflación, la escasez de productos básicos, y cómo estas crisis afectaron la vida diaria de los venezolanos.
   - **Políticas Económicas de Maduro**: Las medidas económicas adoptadas por Maduro, incluyendo controles de precios, devaluación de la moneda y su efectividad o falta de ella.

2. **Descontento Social y Protestas**
   - **Protestas de 2014**: Las causas de las protestas estudiantiles y populares de 2014, su desarrollo y la respuesta represiva del gobierno.

- **Respuesta del Gobierno**: Detalle de las tácticas de represión utilizadas por el gobierno, incluyendo el uso de la Guardia Nacional y los colectivos armados.
- **Impacto en la Estabilidad del Régimen**: Cómo las protestas y la respuesta del gobierno afectaron la percepción pública del régimen y la estabilidad política de Maduro.

Capítulo 6: Estrategias de Control Político

1. **El Uso de la Asamblea Nacional Constituyente**
   - **Creación y Justificación**: La justificación del gobierno para convocar una Asamblea Nacional Constituyente en 2017, su proceso de elección y los objetivos declarados.
   - **Proceso Constituyente**: Cómo se llevó a cabo el proceso de redacción de la nueva constitución, la falta de participación de la oposición y las críticas internacionales.
   - **Disolución de la Asamblea Nacional**: La disolución de la Asamblea Nacional controlada por la oposición y cómo la Constituyente consolidó el poder legislativo en manos del gobierno.
2. **Manipulación del Sistema Electoral**
   - **Irregularidades en Elecciones**: Ejemplos de irregularidades en las elecciones presidenciales y regionales, incluyendo la manipulación de los registros de votantes y la falta de observación internacional independiente.

- **Papel del Consejo Nacional Electoral (CNE)**: La parcialidad del CNE hacia el gobierno y su rol en la organización y supervisión de elecciones.
- **Reelección de Maduro en 2018**: Detalles de las elecciones presidenciales de 2018, las acusaciones de fraude y las respuestas de la oposición y la comunidad internacional.

3. **Reforma y Control de las Fuerzas Armadas**
   - **Relación con la Cúpula Militar**: Cómo Maduro ha asegurado la lealtad de las fuerzas armadas a través de la promoción de oficiales leales y la concesión de privilegios económicos.
   - **Creación de la Milicia Bolivariana**: Detalles sobre la creación de la Milicia Bolivariana, su rol en la defensa del régimen y su relación con las fuerzas armadas regulares.
   - **Privilegios y Beneficios para Militares**: Los incentivos económicos y sociales otorgados a los militares para mantener su apoyo y evitar intentos de golpe de Estado.

PARTE IV: LA RESISTENCIA Y LA OPOSICIÓN

Capítulo 7: Protestas y Movimientos Sociales

1. **La Primavera Venezolana de 2014**

   - **Origen de las Protestas**: Las causas subyacentes de las protestas de 2014, incluyendo la inflación, la escasez de productos básicos y la inseguridad.

   - **Desarrollo de las Protestas**: Cómo se organizaron las protestas, los principales actores involucrados y los eventos clave durante las manifestaciones.

   - **Respuesta Gubernamental**: Las tácticas de represión utilizadas por el gobierno, incluyendo el uso de la fuerza, detenciones arbitrarias y violaciones de derechos humanos.

2. **Olas de Protestas en 2017 y 2019**

   - **Protestas de 2017**: Descripción de las protestas masivas de 2017, su organización, desarrollo y los principales eventos que marcaron estas movilizaciones.

- **Protestas de 2019**: Detalle de las protestas de 2019, incluyendo el contexto político y económico que las desencadenó, y la participación de distintos sectores de la sociedad.
- **Impacto de las Protestas**: Evaluación del impacto de las protestas en la percepción pública del gobierno y la oposición, así como en la estabilidad del régimen de Maduro.

Capítulo 8: Liderazgo Opositor

1. **Fragmentación y Desafíos de la Oposición**
   - **Partidos Políticos Opositores**: Análisis de los principales partidos de la oposición, sus líderes y sus diferencias ideológicas y estratégicas.
   - **Falta de Estrategia Unificada**: Cómo la falta de una estrategia unificada ha debilitado a la oposición y su capacidad para enfrentar al gobierno de manera efectiva.
   - **Intentos Fallidos de Diálogo**: Los esfuerzos de diálogo entre el gobierno y la oposición, sus fracasos y las razones detrás de la falta de resultados concretos.
2. **Figuras Clave: Leopoldo López y Juan Guaidó**
   - **Leopoldo López**: Biografía y liderazgo de Leopoldo López, su papel en las protestas y su encarcelamiento.
   - **Juan Guaidó**: Emergence de Juan Guaidó como líder de la oposición en 2019, su proclamación como presidente interino y su reconocimiento internacional.
   - **Impacto Internacional**: Cómo la proclamación

de Guaidó como presidente interino afectó la política internacional hacia Venezuela y las relaciones diplomáticas del país.

PARTE V: EL APOYO INTERNACIONAL

Capítulo 9: Alianzas y Enemigos

1. **Aliados Internacionales de Maduro**
   - **Relación con Rusia y China**: Análisis de las relaciones económicas y militares con Rusia y China, incluyendo préstamos, inversiones y acuerdos de cooperación.
   - **Influencia de Cuba**: Detalles sobre la relación con Cuba, incluyendo la cooperación en seguridad e inteligencia, y el intercambio de recursos.
   - **Alianzas Regionales y ALBA**: El papel de ALBA y otras alianzas regionales en el apoyo diplomático y económico al gobierno de Maduro.

2. **Sanciones y Presiones Internacionales**
   - **Sanciones Económicas y Políticas**: Descripción de las sanciones impuestas por Estados Unidos, la Unión Europea y otros países, y su impacto en la economía venezolana.
   - **Papel de la OEA y Otros Organismos**: La participación de la Organización de Estados Americanos (OEA) y otros organismos

internacionales en la denuncia de violaciones de derechos humanos y en la presión diplomática sobre el gobierno de Maduro.

- **Respuesta del Gobierno**: Cómo el gobierno de Maduro ha respondido a las sanciones y presiones internacionales, incluyendo medidas de contrapeso y alianzas estratégicas.

Capítulo 10: La Geopolítica del Poder

1. **Reconocimiento Diplomático y Legitimidad Internacional**

   - **Batalla por el Reconocimiento**: La lucha por el reconocimiento diplomático entre el gobierno de Maduro y el presidente interino Juan Guaidó.

   - **Papel de Países Neutrales y Mediadores**: El rol de países como México, Noruega y Uruguay en los intentos de mediación y negociación entre el gobierno y la oposición.

   - **Influencia de Organismos Internacionales**: La influencia de organismos como la ONU y la Corte Penal Internacional en la situación política y de derechos humanos en Venezuela.

2. **Intervenciones y Asistencia Humanitaria**

   - **Esfuerzos Internacionales de Ayuda**: Los intentos de la comunidad internacional para enviar ayuda humanitaria a Venezuela, y las barreras impuestas por el gobierno de Maduro.

   - **Crisis Humanitaria**: Detalles sobre la crisis humanitaria en Venezuela, incluyendo la falta de alimentos, medicinas y servicios básicos, y la respuesta internacional.

   - **Consecuencias Humanitarias y Respuestas**: Evaluación de las consecuencias humanitarias de la crisis y las respuestas de organizaciones internacionales y ONGs.

PARTE VI: ECONOMÍA Y SOSTENIBILIDAD DEL RÉGIMEN

Capítulo 11: La Crisis Económica Profunda

1. **Hiperinflación y Desempleo**

   - **Causas de la Hiperinflación**: Análisis de las políticas económicas que llevaron a la hiperinflación, incluyendo el excesivo gasto público y la impresión de dinero sin respaldo.

   - **Impacto en la Población**: Cómo la hiperinflación ha afectado el poder adquisitivo de los venezolanos, el aumento de la pobreza y la desigualdad.

   - **Medidas del Gobierno**: Las medidas económicas adoptadas por el gobierno de Maduro para controlar la inflación, incluyendo la introducción del petro y la dolarización parcial de la economía.

2. **Escasez de Productos Básicos**

   - **Falta de Alimentos y Medicinas**: Descripción de la escasez de productos básicos, sus causas y cómo ha afectado la vida diaria de los venezolanos.

- **Mercado Negro**: El surgimiento y crecimiento del mercado negro como respuesta a la escasez, y su impacto en la economía y en la vida cotidiana.
- **Políticas de Control de Precios**: Análisis de las políticas de control de precios implementadas por el gobierno y su efectividad o falta de ella.

Capítulo 12: Control de Recursos Naturales

1. **La Explotación del Petróleo**
   - **Historia de la Industria Petrolera**: Breve historia de la industria petrolera en Venezuela, desde su descubrimiento hasta la nacionalización de PDVSA.
   - **Nacionalización de PDVSA**: Detalle de la nacionalización de la industria petrolera bajo Chávez y su impacto en la producción y la economía.
   - **Corrupción y Mala Gestión**: Ejemplos de corrupción y mala gestión en PDVSA bajo el gobierno de Maduro, y cómo han contribuido a la caída de la producción petrolera.
2. **Minería y Otras Industrias**
   - **Arco Minero del Orinoco**: Descripción del proyecto del Arco Minero del Orinoco, sus objetivos, y las controversias relacionadas con la explotación minera y el impacto ambiental.
   - **Minería Ilegal**: El crecimiento de la minería ilegal en Venezuela, su impacto en el medio ambiente y en las comunidades indígenas.

- **Recursos Naturales y Gestión**: Otros recursos naturales explotados en Venezuela y su manejo bajo el régimen de Maduro.

3. **La Corrupción en la Administración Pública**

- **Casos de Corrupción Notorios**: Ejemplos de los casos de corrupción más notorios en el gobierno de Maduro, incluyendo el desvío de fondos públicos y la implicación de altos funcionarios.

- **Impacto en la Economía y Confianza Pública**: Cómo la corrupción ha afectado la economía venezolana y la confianza pública en el gobierno y las instituciones.

- **Medidas Contra la Corrupción**: Las medidas adoptadas (o la falta de ellas) por el gobierno para combatir la corrupción y su efectividad.

PARTE VII: PERSPECTIVAS FUTURAS

1. **Vías para una Transición Democrática**
    - **Escenarios Posibles**: Análisis de posibles escenarios para una transición democrática en Venezuela, incluyendo una negociación pactada, un golpe de Estado, o una intervención internacional.
    - **Rol de la Oposición y Comunidad Internacional**: Cómo la oposición y la comunidad internacional pueden influir en un cambio de régimen, y las estrategias más efectivas para lograr una transición pacífica.
    - **Reconciliación Nacional y Reconstrucción**: La importancia de la reconciliación nacional y la reconstrucción del tejido social e institucional en un escenario post-Maduro.
2. **El Papel de las Fuerzas Armadas**
    - **Influencia del Ejército**: La influencia del ejército en el futuro político de Venezuela, y cómo pueden actuar en diferentes escenarios de cambio.

- ○ **Fracturas Internas**: Posibles fracturas dentro de las fuerzas armadas y su impacto en la estabilidad del régimen.
- ○ **Garantías para una Transición**: Qué garantías pueden ofrecerse a los militares para facilitar una transición democrática y evitar un conflicto interno.

Capítulo 14: Lecciones Aprendidas

1. **Lecciones para América Latina y el Mundo**
   - ○ **Enseñanzas del Caso Venezolano**: Las lecciones que otros países pueden aprender del caso venezolano en términos de populismo, autoritarismo y resistencia democrática.
   - ○ **Importancia de Instituciones Fuertes**: La importancia de tener instituciones democráticas fuertes y una sociedad civil activa para prevenir el surgimiento de regímenes autoritarios.
   - ○ **El Rol de la Comunidad Internacional**: El rol que la comunidad internacional puede jugar en apoyar la democracia y los derechos humanos en países en crisis.
2. **Reflexiones Finales**
   - ○ **Esperanza de Recuperación**: Reflexiones sobre la esperanza de una futura recuperación para Venezuela, y los pasos necesarios para lograrla.
   - ○ **Resiliencia del Pueblo Venezolano**: La resiliencia y valentía del pueblo venezolano en su lucha por la libertad y la democracia.
   - ○ **Legado de Maduro**: Evaluación del legado de Maduro y su impacto en la historia y el futuro de Venezuela.

EPÍLOGO

Al concluir este recorrido por la historia reciente de Venezuela y el régimen de Nicolás Maduro, es inevitable reflexionar sobre el impacto duradero de su gobierno en el país y en la región. La Venezuela de hoy es un testimonio de las profundas divisiones políticas y sociales que pueden surgir en cualquier nación, pero también de la resiliencia y esperanza inquebrantable de su pueblo.

Maduro ha logrado perpetuarse en el poder mediante una combinación de tácticas que incluyen la represión, la manipulación electoral, y la consolidación de alianzas tanto internas como internacionales. Sin embargo, la historia no está escrita en piedra. La lucha por la democracia y los derechos humanos continúa, impulsada por una oposición diversa y una comunidad internacional cada vez más consciente de la crisis venezolana.

Las lecciones aprendidas del caso venezolano son numerosas y de gran relevancia para otros países que enfrentan desafíos similares. La importancia de instituciones democráticas fuertes, una sociedad civil activa, y un compromiso genuino con los principios de justicia y equidad no puede ser subestimada. Venezuela nos recuerda que la democracia es frágil y debe ser defendida constantemente.

Mirando hacia el futuro, hay razones para la esperanza. La historia ha demostrado que incluso los regímenes más autoritarios pueden ser desafiados y eventualmente superados. La recuperación de Venezuela dependerá no solo de un cambio en el liderazgo, sino también de un proceso inclusivo de reconciliación y reconstrucción. El camino será largo y difícil, pero la determinación del pueblo venezolano es un faro de esperanza.

En última instancia, el legado de Nicolás Maduro será juzgado por la historia. Este libro ha intentado ofrecer una visión comprensiva y detallada de los eventos y decisiones que han marcado su régimen. Confiamos en que los lectores, armados con este conocimiento, podrán contribuir de manera significativa al debate sobre el futuro de Venezuela y el fortalecimiento de la democracia en toda América Latina.

ACERCA DEL AUTOR

Moisés Enrique Rojas Zambrano

Moisés Rojas es un ingeniero de software venezolano, nacido y criado en Venezuela. Con una pasión por la tecnología y una profunda conexión con su país natal, Moisés ha dedicado su carrera a la ingeniería de software, combinando su conocimiento técnico con una perspectiva única sobre la situación política de Venezuela.

Sus experiencias personales y profesionales en Venezuela hasta el año 2016, cuando decidió mudarse a Argentina, le han proporcionado una visión privilegiada y auténtica de los desafíos y cambios que ha enfrentado su país. A través de su libro, Moisés comparte sus vivencias y análisis, ofreciendo una mirada íntima y detallada sobre la compleja realidad política venezolana.

Actualmente, Moisés reside en Argentina, donde continúa su labor en el campo de la tecnología, mientras mantiene un firme compromiso con la difusión de la verdad y la justicia sobre la situación en su tierra natal.